Le Canada vu de près

Ontario

Adrianna Morganelli

Texte français de
Claudine Azoulay

Crédits pour les illustrations et les photos :

Page couverture : A.G.E. Foto Stock/First Light; p. i : Frank Hudec/First Light; p. iii : A.G.E. Foto Stock/First Light; p. iv : Galyna Andrushko/Shutterstock Inc. (en haut à gauche), Igor Grochev/Shutterstock Inc. (au centre), Nguyen Thai/Shutterstock Inc. (en haut à droite); p. 2 : Tootles/Shutterstock Inc.; p. 3 : Henry Georgi/AllCanadaPhotos.com; p. 5 : Alexandar Iotzov/Shutterstock Inc; p. 6-7 : Pierre Guevremont/First Light; p. 8 : Nialat/SnapVillage (en bas), Clarence W. Norris/Lone Pine Photo (au centre); p. 9 : Pavel Cheiko/Shutterstock Inc. (en bas), Philip Dalton/Alamy (en haut); p. 10 : Bert Hoferichter/Alamy; p. 11 : Thomas Kitchin/First Light (en haut), Sylvana Rega/Shutterstock Inc. (en bas); p. 12 : Toronto Star/First Light; p. 13 : North Wind/North Wind Picture Archives; p. 14 : North Wind/North Wind Picture Archives; p. 15 : Bibliothèque et Archives Canada, Acc. N° 1989-401-1; p. 17 : William Berczy, Thayendanegea (Joseph Brant), c. 1807 Musée des beaux-arts du Canada, Ottawa; p. 18 : North Wind/North Wind Picture Archives; p. 19, 20 : Collection d'œuvres d'art du gouvernement de l'Ontario, Archives publiques de l'Ontario; p. 21 : The Print Collector/Alamy; p. 22 : The Print Collector/Alamy; p. 23 : Alan Marsh/First Light; p. 24 : Ron Erwin/AllCanadaPhotos.com; p. 25 : Thomson, Tom (Canadien, 1877-1917) *The West Wind*, hiver 1916-1917, huile sur toile 120,7 x 137,9 cm MUSÉE DES BEAUX-ARTS DE L'ONTARIO, TORONTO. Don du Club canadien de Toronto, 1926 © 2008 Musée des beaux-arts de l'Ontario; p. 26 : Bibliothèque nationale du Canada NL-15557 (en haut), Archives nationales du Canada C-067337 (au centre), Susanna Moodie, 1989. © Domaine public, Bibliothèque nationale du Canada NL-15558 (en bas); p. 27 : John T. Fowler/Alamy; p. 28 : Vlad Ghiea/Shutterstock Inc.; p. 29 : CP Photo/Aaron Harris (en bas), Toronto Star/First Light (en haut); p. 30 : Paul A. Souders/CORBIS; p. 30-31 : Aron Brand/Shutterstock Inc.; p. 31 : Foodfolio/Alamy (en haut), Foto Factory/Shutterstock Inc. (en bas); p. 32 : Paul A. Souders/CORBIS; p. 34 : Greg Taylor/Greg Taylor Photography (en haut), Dick Loek/Toronto Star (en bas); p. 35 : Imagesource/First Light; p. 36 : Jim Chernishenko (en haut); CP Photo/Bob Tymczyszyn (en bas); p. 37 : Brian Summers/First Light; p. 39 : CP Images/Kazuyoshi Ehara; p. 40 : CP Photo/Kitchener–Waterloo Record-Staff; p. 41 : CP Photo/Toronto Star-Tony Bock (en haut), Winston Fraser/Alamy (en bas); p. 42 The Print Collection/Alamy (en haut), World History Archive/Alamy (au centre), Peter Mintz/First Light (en bas); p. 43 : Jeff Goode/Toronto Star (en haut), gracieuseté de la Dr. James Naismith Basketball Foundation (en bas).

Produit par Plan B Book Packagers

Conception graphique : Rosie Gowsell-Pattison

Nous remercions Terrance Cox, consultant, rédacteur et professeur auxiliaire à l'Université Brock; Jon Eben Field; Jim Chernishenko; et Colleen Beard et Sharon Janzen, cartothèque de l'Université Brock.

Catalogage avant publication de Bibliothèque et Archives Canada

Morganelli, Adrianna, 1979-
Ontario / Adrianna Morganelli ; texte français de Claudine Azoulay.

(Le Canada vu de près)
Traduction de l'ouvrage anglais du même titre.
ISBN 978-0-545-98917-6

1. Ontario--Ouvrages pour la jeunesse. I. Azoulay, Claudine
II. Titre. III. Collection: Canada vu de près
FC3061.2.M6714 2009   j971.3   C2008-906872-6

ISBN-10 0-545-98917-5

Édition publiée par les Éditions Scholastic, 604, rue King Ouest, Toronto (Ontario) M5V 1E1.

6 5 4 3 2 1   Imprimé au Canada   09 10 11 12 13 14

Table des matières

La pierre officielle de l'Ontario est l'améthyste.

La fleur officielle de l'Ontario est le trille blanc.

CANADA

Russie

OCÉAN ARCTIQUE

Groenland
(Danemark)

Islande

Alaska
(É.-U.)

OCÉAN PACIFIQUE

Yukon

Territoires du
Nord-Ouest

Nunavut

OCÉAN
ATLANTIQUE

Colombie-
Britannique

Alberta

Saskatchewan

Baie
d'Hudson

Terre-Neuve-et-Labrador

Manitoba

Baie
James

Île-du-Prince-Édouard

Québec

Nouvelle-Écosse

Ontario

Nouveau-Brunswick

États-Unis

Lac
Supérieur

Lac
Huron

Lac
Ontario

Lac
Michigan

Lac
Érié

Bienvenue en Ontario!

L'Ontario est une province vaste et diversifiée dont la superficie est supérieure à 1 million de kilomètres carrés. Elle est tellement grande que l'Italie, la France et l'Allemagne pourraient toutes y loger et il resterait encore de la place! Sa population compte plus de 12 millions d'habitants dont les origines **ethniques** sont très variées.

L'Ontario est aussi le centre de l'industrie manufacturière et du spectacle. Ses usines produisent plus de la moitié des marchandises fabriquées au Canada. Toronto, la capitale de la province, est la deuxième ville possédant le plus grand nombre de salles de spectacle en Amérique du Nord.

Le paysage de l'Ontario est aussi diversifié que sa population. Le Bouclier canadien, la plus grande formation rocheuse du Canada, sépare le nord et le sud. Des forêts, des plaines herbeuses et des lacs couvrent le nord de l'Ontario, tandis que le sud possède de riches terres agricoles. L'Ontario… un monde à découvrir!

Chapitre 1

Eaux luisantes

Le mot *Ontario* signifie « eaux belles ou luisantes » en langue iroquoienne, et pour cause! Plus de 90 % de la surface de l'Ontario est recouverte d'eau. Cela représente environ un tiers des réserves mondiales d'eau douce!

L'Ontario compte plus de 250 000 lacs. Quatre des cinq Grands Lacs sont situés en partie dans cette province. On y trouve aussi d'innombrables ruisseaux et rivières.

Les cours d'eau ont constitué les premières voies de transport de la province. Pendant des milliers d'années, les Autochtones se sont déplacés en canot. Par la suite, les premiers explorateurs européens ont utilisé les mêmes voies navigables pour explorer de nouvelles terres et richesses, bien avant la construction de routes ou d'autoroutes modernes.

Canaux et écluses

Aujourd'hui, le Réseau Grands Lacs–Voie maritime du Saint-Laurent est la principale voie navigable de l'Ontario. Ce réseau, composé de 6 canaux et de 19 écluses, permet aux bateaux de naviguer sur le fleuve Saint-Laurent et de se rendre jusqu'aux Grands Lacs. Cette voie maritime s'étend sur 3 700 kilomètres, jusqu'au cœur de l'Amérique du Nord.

L'écluse du canal Welland, à St. Catharines, permet aux bateaux de passer du lac Ontario au lac Érié.

ONTARIO

MANITOBA

Baie d'Hudson

Fort Severn

Baie James

QUÉBEC

Moosonee

Kenora

N

Thunder Bay

Lac Supérieur

Timmins

0   200 KM

Sault Ste. Marie

Sudbury

North Bay

OTTAWA

Île Manitoulin

Lac Huron

Fleuve Saint-Laurent

Basses terres de la baie d'Hudson

Bouclier canadien

Basses terres des Grands Lacs et du Saint-Laurent

Escarpement du Niagara

Lac Michigan

Toronto

Kitchener

London

Lac Ontario

Niagara Falls

Windsor

Pointe Pelée

Lac Érié

Île Pelée

ÉTATS-UNIS

Les basses terres

Les basses terres des Grands Lacs et du Saint–Laurent se situent dans le sud de l'Ontario. Cette région comprend certaines des terres agricoles les plus riches du Canada; on y trouve aussi la majorité de la population ontarienne. De ces basses terres s'élève l'escarpement du Niagara, une chaîne de calcaire s'étendant vers le nord–ouest, de la rivière Niagara jusqu'à l'île Manitoulin.

Les chutes Niagara

L'une des merveilles naturelles du monde tombe en cascade de cet escarpement. Les chutes Niagara constituent les chutes d'eau les plus puissantes d'Amérique du Nord. L'île de la Chèvre les divise en 2 sections : les chutes canadiennes, nommées aussi chutes du Fer à cheval, et les chutes américaines plus étroites.

Les eaux de la rivière Niagara sont détournées afin d'alimenter le complexe de Sir Adam Beck, l'une des plus grandes centrales hydroélectriques de l'Ontario.

Chaque minute, 155 millions de litres d'eau dévalent les chutes Niagara (celles du Fer à cheval).

Le Bouclier canadien

L'un des éléments naturels les plus incroyables de l'Ontario se situe dans le nord. Le Bouclier canadien est un immense bassin rocheux en forme de fer à cheval. Il est tellement grand qu'il s'étend sur 5 autres provinces et 2 territoires.

Le Bouclier canadien comprend des forêts et des milliers de lacs, de rivières et de ruisseaux.

Le paysage du Bouclier canadien rocheux est parsemé de lacs, de rivières et de forêts. La roche est riche en minéraux tels que le fer, le platine, l'or et le nickel.

Il compte aussi de nombreux petits lacs. Certains, appelés lacs de kettle, se sont formés durant la dernière période glaciaire. Les glaciers en recul ont laissé des blocs de glace enchâssés dans les sédiments. En fondant, ces blocs ont formé de petits lacs profonds, en forme de marmite.

Des arbres à perte de vue

L'Ontario compte environ 70 millions d'hectares de forêt. On distingue 4 régions. Les basses terres de la baie d'Hudson, au sud des baies d'Hudson et James, sont une région de landes.

Elles comprennent des prairies, un type de marécage appelé **tourbière** et la totalité de la **toundra** ontarienne.

La forêt boréale se situe au-dessous des terres basses de la baie d'Hudson et constitue la région forestière la plus importante de la province. Les forêts d'épinettes, de pins, de cèdres et de sapins baumiers sont peuplées de nombreux animaux dont l'orignal, le caribou, l'ours noir et le loup.

Tourbière des basses terres de la baie d'Hudson.

L'ours noir vit dans la forêt boréale ontarienne.

La forêt des Grands Lacs et du Saint-Laurent s'étend le long du fleuve Saint-Laurent, puis traverse le centre de l'Ontario jusqu'aux lacs Huron et Supérieur. Elle est constituée d'un mélange de conifères et d'arbres à feuilles **caduques**.

La forêt caduque est la forêt située le plus au sud de l'Ontario. Elle se trouve au nord des lacs Ontario et Érié. Elle abrite de nombreuses espèces rares de plantes et d'animaux, dont le petit polatouche, un écureuil volant. La plus grande partie de la forêt a été défrichée pour le développement des fermes et des villes.

Le petit polatouche, un écureuil volant (en haut), vit dans la forêt caduque ontarienne, où l'automne déploie une profusion de couleurs.

Chaud et froid!

Dans le sud de l'Ontario, en été, le thermomètre peut atteindre 34 degrés Celsius, mais l'humidité ambiante augmente de 10 degrés la température ressentie. Les étés sont plus agréables et plus secs dans les régions du nord.

La majeure partie de l'Ontario reçoit au moins 500 millimètres de pluie par an, ce qui est excellent pour les cultures. Les hivers ontariens sont quasiment dépourvus de neige dans les régions du sud-ouest, mais le nord et les ceintures neigeuses de la province en reçoivent plusieurs mètres. À ces endroits-là, il peut tomber plus de 3 mètres de neige par an!

Particularités ontariennes

- Au Canada, on ne peut pas habiter plus au sud que la pointe Pelée et l'île Pelée, sur le lac Érié. Ces lieux se trouvent à la même latitude que le nord de la Californie. Au mois de septembre, des milliers de papillons monarques se rassemblent sur les arbres, avant de poursuivre leur migration annuelle vers le Mexique.

- Le crotale massasauga de l'Est est le seul serpent venimeux de l'Ontario. Son territoire s'étend dans le sud et le centre de l'Ontario.

- L'île Manitoulin, située sur le lac Huron, est l'île en eau douce la plus grande sur la Terre. Elle est tellement grande qu'elle comprend le plus grand lac présent sur une île en eau douce au monde : le lac Manitou.

Les archéologues examinent un lieu de sépulture autochtone découvert sur un site de construction. Les Premières Nations de la région ont organisé une cérémonie pour enterrer de nouveau les restes humains.

Chapitre 2

Le passé vivant

L'Ontario est devenu une province du Canada lors de la création de la **Confédération** en 1867. Toutefois, bien avant cela, beaucoup de gens avaient vécu et s'étaient établis dans la région. Les premiers habitants furent les peuples de langues algonquiennes et iroquoiennes. Leur histoire remonte à plus de 10 000 ans. Les peuples de langues algonquiennes, dont les Cris, les Ojibwés, les Algonquins et les Mississaugas, vivaient dans le nord et l'est de la province.

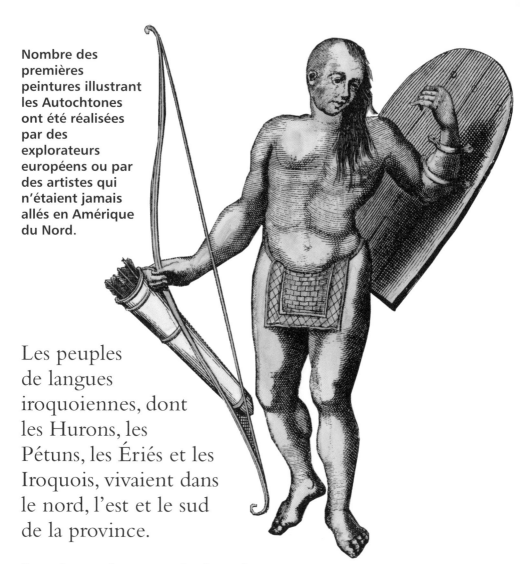

Nombre des premières peintures illustrant les Autochtones ont été réalisées par des explorateurs européens ou par des artistes qui n'étaient jamais allés en Amérique du Nord.

Les peuples de langues iroquoiennes, dont les Hurons, les Pétuns, les Ériés et les Iroquois, vivaient dans le nord, l'est et le sud de la province.

Les Autochtones tiraient leur subsistance de la terre. Ils pêchaient et chassaient le wapiti, le caribou, l'orignal et le chevreuil. Certains d'entre eux cultivaient aussi le maïs, les haricots et la courge. Aujourd'hui, environ 190 000 **descendants** des Premières Nations de l'Ontario vivent dans la province, dont un grand nombre sur des réserves, c'est-à-dire des terres qui leur sont assignées.

Les premiers Européens

L'explorateur français Étienne Brûlé a été le premier Européen à explorer une partie de l'Ontario. Les Français avaient déjà commencé la traite des fourrures en **Nouvelle-France**. En 1610, on a envoyé Étienne Brûlé vers l'ouest afin qu'il développe cette activité avec les Autochtones.

Les Britanniques faisaient aussi la traite des fourrures dans leurs colonies nord-américaines, au sud. Français et Britanniques ont fondé des postes de traite dans toute la région qui est aujourd'hui l'Ontario. Ils se sont longtemps livrés bataille pour obtenir le contrôle du territoire et de la traite des fourrures.

L'artiste Frances Anne Hopkins a accompagné plusieurs fois son époux, un employé de la Compagnie de la Baie d'Hudson, dans ses voyages. Sa peinture datant de 1869, *Voyageurs franchissant une cascade en canot*, illustrerait la rivière des Français.

La traite des fourrures

Comment les peaux de castors sont-elles à l'origine de l'exploration, de la découverte et des guerres? Pendant 300 ans, des années 1500 au début des années 1800, la traite des fourrures constituait l'industrie la plus importante en Amérique du Nord. Les peaux de castors étaient expédiées en Europe, où on les transformait en chapeaux à la mode. La France et la Grande-Bretagne luttaient constamment pour les territoires liés à la traite des fourrures. Leurs explorateurs et leurs commerçants cartographiaient le pays, puis fondaient des postes de traite à des emplacements qui sont devenus par la suite de grandes villes nord-américaines.

L'arrivée des loyalistes

Certains des premiers pionniers les plus importants en Ontario furent les loyalistes de l'Empire-Uni. Ils sont venus à la suite de la **Révolution américaine** (1775-1783). À l'issue de la révolution, les Britanniques ont été vaincus et les États-Unis d'Amérique constitués. Les **colons** qui étaient restés fidèles aux Britanniques sont partis de chez eux pour se rendre dans le nord, vers des régions encore sous contrôle britannique. On leur a donné des terres sur lesquelles s'établir.

Les nombreux noms de l'Ontario

L'Ontario a porté différents noms au fil des ans. Pendant un certain temps, il faisait partie du territoire sous contrôle français appelé Le pays d'en haut. Après la fin de la **guerre de Sept Ans**, en 1763, la France a perdu son territoire nord-américain au profit des Britanniques. En 1791, l'Ontario a été baptisé le Haut-Canada. En 1841, le Haut-Canada est devenu le Canada-Ouest. Enfin, le Canada-Ouest a été rebaptisé l'Ontario à la création de la Confédération, en 1867.

Joseph Brant, ou Thayendanegea, était un chef Mohawk qui a combattu aux côtés des Britanniques durant la Révolution américaine. Pour le récompenser de sa loyauté, on lui a donné, ainsi qu'à ses partisans, une terre en territoire britannique. Cette terre est devenue la réserve des Six Nations, située près de Brantford, en Ontario.

Vers le nord et la liberté!

En 1793, le premier lieutenant-gouverneur du Haut-Canada, John Graves Simcoe, a adopté une loi contre l'esclavage. Ainsi, le Haut-Canada est devenu un refuge pour les esclaves qui s'enfuyaient des États-Unis. De 1800 à 1865, 20 000 personnes ont fui l'esclavage qui sévissait en Amérique et se sont rendues en Ontario. Elles empruntaient un réseau baptisé le **chemin de fer clandestin.** Beaucoup d'entre elles se sont installées dans le sud de l'Ontario. Leurs descendants y vivent encore aujourd'hui.

Josiah Henson, un esclave en fuite, a fondé une communauté et une école pour les anciens esclaves près de Dresden, en Ontario.

Le général britannique Isaac Brock a été tué à la bataille de Queenston Heights, l'une des nombreuses et célèbres batailles de la guerre de 1812.

La guerre de 1812

En 1812, environ 80 000 personnes vivaient dans le Haut-Canada. De l'autre côté de l'Atlantique, la Grande-Bretagne et la France étaient à nouveau en guerre. Les Britanniques ont empêché les navires américains de commercer avec la France, c'est pourquoi les Américains sont entrés en guerre contre la Grande-Bretagne et ses colonies. Durant les 2 années qui ont suivi, l'armée britannique et des **milices** locales ont repoussé plusieurs invasions américaines. Finalement, le Canada s'est trouvé hors de danger.

La rébellion

En 1837, le Haut-Canada a été le théâtre d'une rébellion célèbre. Les rebelles étaient des fermiers et des gens d'affaires en colère contre un gouvernement appelé le « Family Compact », qui accordait des faveurs à ses amis et à sa parenté. Une rébellion menée en même temps dans le Bas-Canada a conduit la Grande-Bretagne à unifier le Haut-Canada et le Bas-Canada, en 1841, pour constituer la province du Canada : le Canada-Ouest (l'Ontario) et le Canada-Est (le Québec).

Des rebelles armés de fusils et de pics défilent sur la rue Yonge, en direction de Toronto. La rébellion a été réprimée.

En 1867, sir John A. Macdonald a été élu premier Premier ministre du Canada. Venue d'Écosse, la famille de Macdonald s'était installée à Kingston, en Ontario.

Chemin de fer et usines

Le Canada-Ouest a continué à se développer. On a construit des voies ferrées, des routes et des canaux pour transporter les marchandises et les personnes d'un bout à l'autre du territoire. Les nouveaux moyens de transport ont apporté aux villes une grande prospérité. L'ère industrielle a commencé. Au moment où le Canada-Ouest est devenu la province de l'Ontario à la création de la Confédération, c'était une force politique et économique puissante dans le pays.

Comme beaucoup d'autres communautés, Niagara Falls célèbre la fête du Canada, le 1er juillet, avec des feux d'artifice. Le 1er juillet 1867, le Nouveau-Brunswick, la Nouvelle-Écosse, le Canada-Ouest (l'Ontario) et le Canada-Est (le Québec) se sont unis pour former un seul pays, le Canada.

Les usines sidérurgiques d'Hamilton, en Ontario, ont attiré des travailleurs immigrés au début des années 1900.

Une province en pleine croissance

L'Ontario a continué à se développer après la Confédération. Au début des années 1900, un plus grand nombre de personnes habitaient dans les villes plutôt que dans les fermes. De nouvelles industries ont commencé à se développer, dont l'exploitation minière, le textile, et la production d'acier (sidérurgie) et d'automobiles. Ces industries attiraient des travailleurs immigrés, en premier lieu d'Europe de l'Ouest et de l'Est. Par la suite, des immigrants sont venus d'Asie, des Caraïbes et d'Afrique. La plupart des immigrants se sont installés dans les villes du sud de l'Ontario, dont Toronto, Ottawa, Hamilton et London, créant ainsi des centres multiculturels actifs.

Chapitre 3
Nature sauvage et villes

Quatre-vingt-cinq pour cent de la population ontarienne vit dans le sud, à proximité des Grands Lacs et de la frontière américaine. La notion d'escapade dans la nature est très forte en Ontario. L'été, beaucoup d'Ontariens consacrent leur temps libre à la baignade, à la pêche et aux balades en bateau sur les lacs.

Certains possèdent un chalet dans le centre ou le nord de l'Ontario. Durant les fins de semaine estivales, tant de gens vont à leur chalet que les autoroutes en direction du nord sont souvent embouteillées. La province compte 5 parcs nationaux et 329 parcs provinciaux, situés pour la plupart sur le bord d'un lac.

Nature et art

Nombre des premières peintures illustrant l'Ontario montrent une nature sauvage, composée d'arbres, de roches et d'eau. L'artiste Tom Thomson adorait peindre le nord de l'Ontario. Ses paysages puissants ont influencé le Groupe des Sept. Ceux-ci utilisaient de grands coups de pinceau et de grosses taches de peinture pour représenter les vastes espaces canadiens.

Thomson a dépeint la beauté du parc provincial Algonquin, un parc ontarien mondialement connu, dans son tableau intitulé *Le vent d'ouest*.

Thomson, Tom (Canadien, 1877–1917) *The West Wind*, hiver 1916–1917

Écrire sur « le bois »

« J'étais complètement abasourdie : je ne pouvais cesser d'admirer le paysage, les yeux baignés de larmes », écrivait Susanna Moodie à propos de son arrivée en Ontario – un pays nouveau et étrange – dans les années 1830.

Susanna et sa sœur Catharine Parr Traill comptent parmi les premiers écrivains canadiens. Ces deux dames de bonne famille ont émigré d'Angleterre en 1832, en compagnie de leurs époux, et se sont établies dans la nature sauvage, au nord de Peterborough.

Ce ne fut pas facile. Leurs lettres et leurs livres, plus particulièrement *Roughing It in the Bush* (La vie dure dans les bois) et *Les forêts intérieures du Canada*, décrivent une vie très différente de celle qu'elles avaient laissée en Angleterre. Leurs nouvelles tâches incluaient le défrichage des terres et la construction collective des granges.

Susanna Moodie (en haut) et Catharine Parr Traill étaient aussi des artistes. Susanna a peint cette aquarelle intitulée *Goldfinch and Thistle* (Chardonneret et chardon).

Des villes culturelles

Quand les Ontariens ne sont pas en train de profiter de leur merveilleuse nature, ils assistent à des concerts, des pièces de théâtre ou des festivals.

L'un des événements théâtraux les plus célèbres de l'Ontario est le Festival de Stratford. Il présente des pièces de l'auteur dramatique William Shakespeare, qui a vécu dans les années 1600. Le festival a débuté sous une tente dans les années 1950. Aujourd'hui, il abrite l'une des compagnies théâtrales les plus réputées en Amérique du Nord.

Du printemps à l'automne, les visiteurs viennent à Stratford pour y voir les pièces de théâtre présentées sur l'avant-scène unique en son genre du théâtre du Festival.

Ottawa, la deuxième parmi les plus grandes villes de l'Ontario, est la capitale du Canada. À l'origine, c'était une ville forestière appelée Bytown; elle abrite désormais les édifices du Parlement, le Musée des beaux-arts du Canada et le Musée canadien de la guerre.

Le plus grand musée du Canada – le Musée royal de l'Ontario – se trouve à Toronto, la capitale de la province. L'une de ses expositions présente le plus grand dinosaure jamais exhibé au Canada. Le Musée des beaux-arts de l'Ontario est l'un des plus grands musées d'art d'Amérique du Nord. D'autres musées de Toronto sont entièrement consacrés aux souliers, au sucre, à la télévision et… au hockey!

Chaque hiver, à Ottawa, une partie du canal Rideau devient une patinoire de 7,8 kilomètres de long.

Le Temple de la renommée du hockey abrite en permanence la Coupe Stanley, le trophée sportif professionnel le plus ancien d'Amérique du Nord. À partir de son siège à Toronto, la Coupe Stanley voyage pendant plus de 200 jours par an.

La chanteuse Avril Lavigne arrive à Toronto pour y donner un concert extérieur. Elle a grandi à Napanee, en Ontario.

Établi à Toronto, le Ballet national du Canada est la plus grande compagnie de danse au pays. Son école forme des danseurs talentueux qui se produisent dans le monde entier.

Avec ses 2,5 millions d'habitants, Toronto est la plus grande ville du Canada. La Tour CN, la deuxième parmi les plus grandes structures autoportantes du monde, se dresse au-dessus du secteur riverain du centre-ville.

Tartes au beurre et maïs sucré

Miam... des tartes au beurre! Cette pâtisserie garnie d'un mélange de beurre, de sucre, d'œufs et parfois de raisins secs et de noix est une tradition du nord de l'Ontario depuis plus de 100 ans. De nombreux desserts ontariens ont été inventés dans les cuisines des fermes où des plats consistants, composés de beurre, de crème et de graisse très riches, étaient préparés pour le repas du midi, à l'intention des ouvriers agricoles affamés.

Le maïs sucré en épi est un aliment apprécié l'été. Mais ce n'est pas la peine de l'acheter d'avance. Les gens de la campagne du sud de l'Ontario aiment leur maïs fraîchement cueilli et le dégustent le jour même!

Chapitre 4
Fabriqué en Ontario

De toutes les provinces et de tous les territoires du Canada, c'est l'Ontario qui a la plus grande influence sur l'économie nationale. Environ 40 % des emplois canadiens se trouvent en Ontario. Ça en fait du travail!

La majorité des emplois se trouvent dans les services financiers, le tourisme et les affaires. L'exploitation minière, la foresterie et l'agriculture sont également essentielles à l'économie ontarienne. En effet, elles contribuent à l'activité la plus importante de l'Ontario : l'industrie manufacturière.

Sais-tu que l'Ontario produit plus de la moitié de toutes les marchandises fabriquées qui sont envoyées à l'extérieur du Canada? Plus de 90 % d'entre elles sont **exportées** aux États-Unis. L'industrie ontarienne la plus importante est celle de la construction automobile. Après le Michigan, l'Ontario est le plus grand producteur d'automobiles en Amérique du Nord.

Le bois et les minéraux

L'économie ontarienne repose sur les industries primaires, c'est-à-dire celles qui dépendent des ressources naturelles. L'immense territoire forestier de l'Ontario crée 90 000 emplois environ dans les industries du bois d'œuvre et des pâtes et papier.

L'exploitation minière est également florissante. Les roches du Bouclier canadien renferment un trésor de minéraux. L'Ontario compte parmi les premiers producteurs mondiaux de minéraux. On trouve des gisements importants de cuivre et de nickel dans le bassin de Sudbury, dans le nord de l'Ontario. Il y a aussi des mines d'or dont la plupart se situent à Timmins, Red Lake et Hemlo. On extrait aussi du zinc, de l'argent, du platine et du cobalt.

L'Ontario est le deuxième producteur de nickel au monde. La ville de Sudbury, au nord de la province, possède même une pièce de cinq cents (« nickel » en anglais) géante qui illustre l'exploitation du nickel.

Le bois d'œuvre ontarien est utilisé dans l'industrie de la construction.

À la ferme

L'Ontario compte plus de 67 000 fermes, localisées en majorité dans le sud. Les agriculteurs cultivent du maïs, du soja, des tomates et du blé. Des fruits, tels que cerises, pêches et raisin, sont cultivés près des lacs Ontario et Érié. Le sud-ouest et le centre de la province sont 2 régions propices à l'élevage du bétail.

Chaque automne, dans toute la province, des foires agricoles se tiennent dans les municipalités rurales. Les fermiers inscrivent leur bétail à des concours durant lesquels les animaux sont jugés sur leur apparence et leurs performances. La Royal Agricultural Winter Fair – la plus grande foire agricole intérieure au monde – se déroule chaque année en novembre, à Toronto.

Meuh! J'ai gagné! Un juge choisit une championne durant le concours de vaches Holstein de la Royal Agricultural Winter Fair.

Par une nuit froide d'hiver, une ouvrière cueille du raisin gelé. Le raisin servira à faire du vin de glace, un vin sucré très apprécié et pour lequel l'Ontario est réputé.

Les pommes représentent la plus grande production fruitière de l'Ontario. Elles poussent bien le long de la rive sud de la baie Georgienne, ainsi que sur la rive nord des lacs Ontario et Érié.

Chapitre 5
Le multiculturalisme

L'Ontario est la province présentant la plus grande diversité culturelle. Plus de la moitié des immigrants du Canada s'y installent à leur arrivée et on y parle 70 langues, dont le mandarin et l'ourdou. Dans de nombreuses villes de la province, on peut apprendre différentes langues dans les écoles et les centres culturels. Des cours d'anglais sont offerts aux nouveaux immigrants. Chaque année, des festivals hauts en couleur célèbrent les multiples cultures des habitants de la province.

Des festivités grandioses

Un de ces festivals est Caribana, la plus grande célébration de la culture caribéenne au pays. Chaque année, en août, Toronto vit une explosion de saveurs dans l'ambiance des îles. « C'est le moment de montrer vos couleurs! » crie l'animateur à la foule. Des milliers de personnes tapent des mains et chantent au rythme du **soca**. Elles agitent des drapeaux de Trinité-et-Tobago, de la Barbade, de la Jamaïque et d'autres régions des Caraïbes.

La confection de ces costumes de plumes et de paillettes, dont certains mesurent jusqu'à 20 mètres de haut, demande beaucoup de travail.

Ces festivités, qui ont lieu chaque été depuis 1967, comprennent un concours du meilleur orchestre (mascarade) et un du plus beau costume, des concerts ainsi que des prestations de tambours d'acier, une compétition de danse du roi et de la reine, des pique-niques et un immense défilé.

Lederhosen et schnitzel

Le mot *Gemütlichkeit* signifie « amitié » en allemand, et c'est ce que tu vivras à l'Oktoberfest! Ce festival célèbre l'héritage allemand des gens qui se sont établis à Kitchener et à Waterloo, il y a presque un siècle. Chaque année, en octobre, les clubs et salles paroissiales accueillent des orchestres de polka et des troupes de danse. Plus de 70 000 personnes participent à cet événement, en dégustant des mets traditionnels allemands comme les saucisses, la choucroute et les escalopes viennoises.

La mascotte de l'Oktoberfest est Onkel Hans.

Chaque été, des pow-wow ont lieu dans toute la province. Le Festival autochtone canadien, organisé à Toronto en novembre, est le plus grand festival de la culture autochtone au Canada.

Partout en Ontario, les *Highland Games* se déroulent dans les communautés où se sont établis beaucoup d'Écossais, comme à Maxville, Chatham, Fergus et Hamilton.

Chapitre 6
De quoi être fiers

▶ En 1923, Frederick Banting et Charles Best ont reçu le prix Nobel de médecine pour avoir mis au point l'insuline dans un laboratoire de Toronto. L'insuline est un médicament qui aide les personnes souffrant de **diabète** à survivre.

▶ Le premier appel téléphonique interurbain a été effectué en Ontario. Le 3 août 1876, Alexander Graham Bell a téléphoné de Brantford à Mount Pleasant, qui se trouve à une distance de 6 kilomètres.

▶ La plus longue rue au monde se trouve en Ontario. La rue Yonge fait 1 896 kilomètres. Depuis le lac Ontario, elle traverse le centre-ville de Toronto et le nord de l'Ontario et aboutit à Rainy River, à la frontière de l'Ontario et du Minnesota.

▶ Wayne Gretzky, qui est né et a grandi à Brantford, est reconnu comme le plus grand joueur de hockey de tous les temps. Enfant, Gretzky a affiné ses habiletés sur une patinoire installée dans sa cour. Il a ensuite excellé au hockey junior, puis a battu des records dans la Ligue nationale de hockey.

▶ Mike Lazaridis, originaire de Waterloo, en Ontario, est le cofondateur de Research In Motion (RIM), une des compagnies canadiennes de haute technologie les plus prospères. RIM a créé le BlackBerry, un appareil de téléphonie, courrier électronique, messagerie texte et navigation Internet sans fil. Des millions de gens possèdent un BlackBerry.

▶ Le basket-ball a été inventé par James Naismith, qui a grandi près d'Almonte, en Ontario.

Glossaire

Caduques : se dit des arbres et des plantes dont les feuilles tombent en automne.

Chemin de fer clandestin : Réseau qui aidait les esclaves fuyant les États du sud des États-Unis à se réfugier au Canada ou dans des États du nord où ils étaient en sécurité.

Colons : Personnes qui quittent leur pays pour s'installer dans un autre.

Confédération : Union de l'Ontario, du Québec, du Nouveau-Brunswick et de la Nouvelle-Écosse pour constituer le Dominion du Canada, en 1867.

Descendants : Personnes issues d'un certain ancêtre ou d'un groupe en particulier.

Diabète : Maladie caractérisée par l'inaptitude du corps à régulariser la glycémie.

Ethniques : Qui partagent la même culture et parlent la même langue.

Exportées : Envoyées dans un autre pays pour en faire le commerce.

Guerre de Sept Ans : Guerre européenne (1756-1763) impliquant l'Angleterre, la France et leurs alliés, et qui s'est étendue en Amérique du Nord. À la fin de la guerre, la France a perdu ses colonies en Amérique du Nord.

Milices : Groupes de citoyens qui ne sont pas des soldats professionnels, mais qui servent en temps de guerre.

Nouvelle-France : Colonies ou terres françaises en Amérique du Nord avant 1763.

Révolution américaine : Guerre entre la Grande-Bretagne et ses colonies américaines (1775-1783) à l'issue de laquelle les colonies ont obtenu leur indépendance et ont constitué les États-Unis d'Amérique.

Soca : Style de musique rythmée caribéenne.

Toundra : Plaine arctique, sans arbres.

Tourbière : Type de marécage où se développe de la mousse.